CONHEÇA-TE
A TI
MESMO

CONHEÇA-TE
A TI
MESMO

Valdir Peixoto

Editora Teosófica
Brasília-DF

EDITORA TEOSÓFICA
SGAS Quadra 603, Conj. E, s/nº
70.200-630 - Brasília-DF - Brasil
Tel.: (61) 3322-7843
Fax: (61) 3226-3703
E-mail: editorateosofica@editorateosofica.com.br
Site: www.editorateosofica.com.br

P377 *Conheça-te a Ti Mesmo*
Valdir Peixoto

Brasília, 2009
ISBN 978-85-85961-98-5

CDD 212

Revisão: Maria Coleli Perdigão B. Coelho / Zeneida Cereja da Silva
Capa e Diagramação: Reginaldo Mesquita
Impressão: Gráfika Papel e Cores - Fone: (61) 3344-3101
E-mail: papelecores@gmail.com

Sumário

AOS SANTOS SERES,
MINHA GRATIDÃO
E RESPEITO.
À memória dos meus
Queridos Pais

À minha esposa Terezinha,
amiga e companheira, que me
incentivou e possibilitou
que esse trabalho
fosse concluído, meu sincero

OBRIGADO.

Capítulo 1

INTRODUÇÃO:

"Conheça-te a ti mesmo" é, certamente, uma das frases mais conhecidas de Sócrates.

Por meio desse ensinamento, o grande filósofo grego procurava demonstrar a necessidade de deixarmos as trevas da ignorância para nos aproximarmos da Luz.

Na realidade, o que Sócrates queria nos dizer é que uma vida coerente só era possível dentro da Luz e afirmava, respondendo aos que o indagavam: **"Conheça-te a ti mesmo e conhecerás o universo e os deuses".**

Lao Tzu afirmava: "Quem conhece os outros é inteligente. Quem conhece a si mesmo é iluminado".

Conhecer a nós mesmos sempre foi algo que todos buscamos, em algum momento de nossas vidas. Existem indagações que perduram há séculos e que são perguntas clássicas, como: **Quem somos? De onde viemos? Por que estamos aqui? Para onde vamos?**

Essas e muitas outras perguntas nos fazem refletir sobre o propósito de nos conhecermos mais profundamente, atuando em consonância com a verdadeira compreensão da vida humana.

Neste discreto estudo iremos penetrar no fascínio da vida, de uma maneira objetiva e resumida. Aqui não há a menor intenção de torná-lo uma peça literária, mas sim informativa, no intuito de auxiliar a cada um à medida que novos valores forem sendo refletidos e incorporados à consciência de cada interessado.

Não iremos enfocar posições inerentes ao espírito de religiosidade, nem as suas divergências com a ciência ou vice-versa, mas despertar em cada leitor o interesse maior de viver no preceito da Verdade, da Justiça, da Compreensão, do Amor, da Compaixão e de todos os sentimentos de respeito e simpatia para com a tragédia de nossos semelhantes, procurando minorá-la.

Isso é perfeitamente exequível, se entendermos que o ser humano não é meramente um ser físico-material, que há algo que transcende esse estado, ou seja, que somos humanos, mas que nossa Essência, Espírito ou Consciência é Divina e provém de uma dimensão mais elevada e imaterial que existe além da matéria finita.

Muitas são as provas que nos permitem corroborar que não somos constituídos apenas de um corpo físico-material, entre as quais, poderemos citar os avanços científicos, principalmente na área da comunicação e informática. O ritmo acelerado no qual vem acontecendo a evolução tecnológica nos leva a concluir que o ser humano, mesmo com uma mente finita, limitada a cinco sentidos, tem obtido avanços consideráveis em realizações em prol do bem-estar da humanidade.

Como prova disso basta citarmos que, com um aparelho transmissor e outro receptor o homem consegue emitir energia e conservar, no mesmo décimo de segundo, a imagem e o áudio, através da televisão, dos computadores e de outros inventos.

A descoberta que nos permite, em tempo real, assistir e ouvir a imagem e o som, do outro lado de um continente, é realmente extraordinária. Lembremos que esse fato foi produzido por uma mente limitada, a mente humana com inspiração da Mente Superior; imagine-se então o que pode ser feito pela Mente Suprema – Deus, que é Onipresente, Onisciente e Onipotente! O Universo é o exemplo maior da grandiosidade Divina.

Já que somos energia e que, ao mesmo tempo, somos seus próprios transmissores e receptores, é fácil concluir que a vida não cessa totalmente com a morte de nosso corpo físico, uma vez que é preservada nossa Essência Divina. Temos um corpo mental cujos pensamentos podem ser transmitidos e captados pelo próprio homem, nos mesmos moldes do exemplo citado. A fonte criadora e irradiante dessa energia, ou melhor dizendo, ela própria, é infinita. Em relação a esse assunto dedicaremos uma abordagem profunda em capítulo separado. Se, ao final da leitura deste pequeno livro, o leitor, quer seja religioso, cético ou materialista, tiver despertado em si a necessidade de ampliar, aprimorar e, quem sabe, revisar parte de seus valores, nosso objetivo estará plenamente alcançado.

Capítulo 2

QUEM SOMOS?

Antes de respondermos a essa indagação é necessária uma breve abordagem sobre o Princípio, o Universo e o Todo. A ligação Homem/Universo é por demais estreita, dependente e interligada, requerendo assim uma reflexão mais abrangente.

O UNIVERSO INTELIGENTE

Desde o seu princípio, o Universo está em plena e constante expansão transformativa. A ciência tem comprovado que todo esse processo vem ocorrendo de maneira harmoniosa e equilibrada ao longo da própria existência.

Tanto a Religião como um grande número de cientistas acordam que a evolução, não somente em nosso planeta Terra como também no próprio Universo, é digna de admiração, e creem que alguma Inteligência Superior, de natureza extraordinária, está por detrás de todo esse processo evolutivo.

Essa Inteligência está manifestada em tudo e em todos os seres, desde a forma mais simples da vida, como é a dos organismos unicelulares, até a existência mais complexa tal qual a que constitui um corpo humano. A formação dessa passa por um processo evolutivo cuja beleza, equilíbrio e perfeição encontramos também em todos os demais reinos que compõem o nosso planeta.

É improvável e, por que não afirmarmos, impossível, que todo esse sistema venha ocorrendo ao acaso. Como poderia o acaso construir inteligentemente uma obra perfeita, harmoniosa e equilibrada como é o Universo? E, principalmente, como poderia ainda mantê-la em transformação contínua e ininterrupta desde o seu princípio?

Creditar ao acaso o efeito contínuo de expansão e equilíbrio é, no mínimo, negarmos nossa própria inteligência.

Ora, não sendo o acaso o transformador

desse Universo perfeito, é inegável e irrefutável que existe uma inteligência atuando em tudo. Podemos dar a ela o nome que quisermos; preferimos **DEUS, a essência de tudo o que existe, manifestado ou não.** Deus, ante essa conceituação, não pode ser considerado como um ser que tenha forma, que ocupa e vive em um lugar determinado. **Deus é o Todo, o Absoluto, a Inteligência Suprema.**

Tenhamos bom senso e sejamos razoáveis e justos, reconhecendo que, somente através de uma Inteligência Universal, seria possível arquitetar e elaborar, de forma transformativa pela linha do tempo, esta beleza ímpar que é a Natureza Cósmica, o Universo. E por ser assim, sem sombra de dúvidas o Universo é inquestionavelmente harmonioso e inteligente.

O Universo não é estático, é dinâmico. Identificar-se com os princípios acima expostos para concepção continuada do Universo, é aceitar consciente e serenamente a existência de uma Consciência Suprema, ou seja, a existência de Deus, que por alguns é também denominado: Consciência Cósmica, Logos, Absoluto, enfim, o Todo.

Para Heráclito de Éfeso, "trata-se de um conjunto de leis, regularidades e conexões que comandam o Universo, formando uma Inteligência Cósmica onipresente que se plenifica no pensamento humano".

Para que algo se torne manifestado materialmente, pressupõe-se, por lógica, a existência de um primeiro momento. Há quanto tempo e como houve essa primeira manifestação é um questionamento que deverá ser deixado a cargo dos estudiosos em religião e ciência, nos campos da cosmogênese e antropogênese, até porque não se trata, neste instante, de matéria imprescindível para o que agora nos propomos estudar.

Ora, por princípio conclusivo, essa Inteligência que tudo elabora e que coordena esse estado contínuo de transformação do Universo, somente é compreendida em um alto nível de abstração, que extrapola os sentidos da mente humana.

É prudente que lancemos mão dos princípios metafísicos, mesmo fugindo da racionalização intelectualizada do ser humano, uma vez que, para compreendermos, de forma inconteste, tal manifestação inicial, é necessário elevarmos nossa Essência Divina ou a Centelha que constitui a nossa consciência, que é parte integrante e inseparável da Mente Suprema – Deus, transcendendo assim, a materialidade das coisas. Aí, finalmente, entenderemos o Eterno Manifesto.

Conclusivamente, quando Deus se torna manifesto, principia-se a transformação através de processos eléctrico-físico-químicos, e é mantida, em cada substância, parte do átomo primordial. A partir desse momento, o Nada Material, que era e é a Essência do Não-Manifesto, inicia o processo evolutivo e transformativo da Natureza ou do mundo material.

A energia contida na Consciência Suprema, ou seja, no Todo, tem como primeiro atributo a Luz, fonte primeira da constituição do Universo. Essa Luz, filosoficamente, é reconhecida como sendo o amor, a harmonia e o equilíbrio.

Em uma das palestras proferidas pelo Engenheiro Ricardo Lindemann, Ex-Presidente da Sociedade Teosófica no Brasil, assim ele se expressou: **"O Universo é um oceano de energia em diversos graus de condensação... O homem é uma nuvem atômica, é constituído de diversos tipos de energia chegando ao grau de matéria densa flexível e penetrável".**

Assim, o Universo pulsa em energia pura de Amor.

Já sob a ótica científica, a partir do primeiro momento em que a Consciência Suprema se manifesta, a energia do Universo é irradiada, iniciando a formação de elétrons, prótons, nêutrons, mésons, átomos, matéria, estrelas, planetas, sistemas solares, galáxias *ad infinitum*, substâncias formadoras do mundo perceptível e material.

Em uma abordagem resumida sobre o princípio cósmico, diz a ciência que, no início, predominava um estado quente e denso. Em seguida, ocorreu o esfriamento do Universo, tornando a matéria predominante. A densidade de energia em forma de matéria passou a ser maior do que a densidade em forma de radiação. Foi iniciada, então, a formação dos átomos. O Universo é agora frio o suficiente para que os elétrons fiquem ligados aos núcleos, formando o hidrogênio, o hélio e o lítio. Calcula-se que até chegar a esse ponto foram decorridos 300 mil anos do início e, aproximadamente um bilhão de anos após, começa a formação de estrelas e galáxias.

Essa manifestação contínua, em estado infinito de transformação, se tornou a base do princípio do cientista químico francês Antoine Laurent Lavoisier: "Na natureza nada se perde, nada se cria; tudo se transforma".

Para comprovar que o Universo é extremamente perfeito e equilibrado basta nos atermos apenas ao fato de que há aproximadamente cinco bilhões de anos o nosso planeta Terra passa a compor o conjunto cósmico universal em pleno equilíbrio.

A vida aflora à Terra, mas para tal são indispensáveis inúmeras condições que possibilitam sua existência, dentre as quais, a temperatura adequada, que não poderá ser excessivamente fria ou demasiadamente quente. O determinante climático ideal é estabelecido pela influência do Sol, através de vários fatores, tal como a distância da Terra e os movimentos que essa executa em torno dele.

A velocidade linear da Terra, por conta de seu movimento orbital, é de cerca de 107.6 mil km/h ou 30 km/s. Ao fim de um dia a Terra percorre 2 milhões, 582 mil e 400 km. Ao final de um ano a Terra dá a volta em torno do Sol e percorre 933 milhões, 765 mil e 600 km, mantendo sempre a mesma distância, isso porque, se ela se aproximar ou se afastar excessivamente do Sol, é o suficiente para que se aniquile a vida na Terra, em virtude do aquecimento ou do resfriamento.

Esses números são fantásticos e inquestionáveis e a velocidade, conjugada com os movimentos de translação e rotação, continua há mais de bilhões de anos inalterada, possibilitando **o maior legado universal que não é outro senão a Vida.**

Para estabelecer uma comparação que nos leve a entender a complexidade desse fato, basta que nos imaginemos viajando num automóvel cuja velocidade atinja mais de 120 km/h. Com certeza nossa preocupação com as consequências serão evidentes e nossa atenção estará toda voltada para os reflexos do motorista. Causa-nos espanto, entretanto, que mais de 95% da população nem sequer se dá conta de que **a Terra vem viajando no espaço, cumprindo sua rota ao redor do Sol a uma velocidade astronômica de 30 km por segundo e**

que essa velocidade nem é percebida por nós, pois a perfeição é tão grande que em nenhum momento sentimos os movimentos da Terra.

O mais fantástico disso é que esse acontecimento vem ocorrendo desde o princípio e essa constância de velocidade é imutável. O que provoca maior assombro é que apenas uma ínfima parcela de pessoas se detém a observar que, por conta dessa exatidão matemática é que é possível a vida na Terra e, se isso não ocorresse, nosso planeta seria totalmente estéril. Enquanto a Mente Suprema nos propicia vida, ao invés de reconhecermos e nos curvarmos ante a grandiosidade dessa dádiva, ficamos nos digladiando por coisas de somenos importância.

Será que ante esse único exemplo, poderemos ainda creditar ao acaso a autoria dessa obra perfeita que é o Universo? Sejamos coerentes e sensatos e reconheçamos Deus como essa Inteligência, presente em tudo e em todos. Finalmente, é preciso despertar nossas consciências para o fato de que, como participantes e detentores de vontade própria definida, somos, após anos e anos de evolução, as criaturas mais próximas e semelhantes a essa Suprema Inteligência.

Face às alegações sobre a concepção expansiva e evolutiva cósmica universal, fica bem mais acessível a compreensão sobre

QUEM SOMOS

Somos seres humanos, somos parte desse Universo cuja essência é Divina, ou seja, o nosso Espírito, a nossa Consciência Superior, que atua além dos cinco sentidos traz, desde a sua origem, parte do Átomo Primordial. Em síntese, aqui nos deparamos com a primeira grande verdade, a de que não somos criaturas criadas por Deus, mas somos parte Dele, sendo que Ele é o

Todo, em Poder e Glória. Se Deus é Onipresente, Onisciente e Onipotente, nada poderá existir fora Dele, a começar por nós mesmos.

Ao entenderem que não podem atingir nenhuma certeza a respeito da verdade, através de uma compreensão religiosa ou metafísica, os céticos preferem afirmar que o Cosmo, o Universo, é algo natural, e assim se perdem no tempo-espaço de suas consciências.

Capítulo 3

DE ONDE VIEMOS?

Agora que temos um norte que nos leva à compreensão de quem somos, fica mais inteligível sabermos que nossas origens advêm das transformações cósmicas e dos reinos que compõem o Universo e, em especial, a Terra.

O PLANETA TERRA E SEUS REINOS EM TRANSFORMAÇÃO.

Aproximadamente há cinco bilhões de anos, como já afirmamos, surge o nosso Planeta Terra e, como não poderia ser diferente, mantém-se em perene transformação. Ele, como tantos outros planetas e sistemas, alcançou o estágio mais elevado, partindo da energia pura até o mais alto grau de densidade da matéria, dando assim por concluído, o ciclo evolutivo da transmutação de energia em matéria sólida.

O processo agora é inverso, também considerado evolutivo; é diametralmente oposto aos anteriores, uma vez que trataremos inicialmente da matéria mais densa, como é caso do reino mineral, até atingir o reino hominal, o menos denso e, finalmente, o reino espiritual, onde não mais existe um corpo físico, mas sim o restabelecimento total com a Unidade, com a manifestação pura da Grande Inteligência Universal, a Essência de tudo o que existe.

Assim, como há 13.7 bilhões de anos, desde a primeira manifestação, o cosmo surge em beleza e harmonia ímpar; nos últimos cinco bilhões de anos a Terra evoluiu e se constituiu, através de seus quatro reinos, nesta linda morada.

REINO MINERAL

Após um ininterrupto processo de transformação ao longo de sua existência, a Terra constitui-se inicialmente em reino mineral. Por se tratar de matéria muito densa, como já afirmamos, recobriu a Centelha Divina, ou o Átomo Primordial, constituindo assim o âmago dessa matéria.

É muito sutil, e quase que imperceptível, a presença da Essência Divina nos minerais, a não ser pelo seu aspecto externo. Como exemplo disso, citamos as gemas e pedras preciosas, que se tornam mais sensíveis através do calor ou do frio excessivos. Trata-se de uma forma primária de inteligência, mas que indubitavelmente encontra-se presente e comprova a existência de vida no mineral em seus diversos estágios, sendo, pois, uma comunicação rudimentar através do baixíssimo índice de sensibilidade.

Os minerais possuem apenas um corpo

físico que depende totalmente das Leis da Natureza para sua mutação. São inalteráveis por si próprios, daí necessitarem de ação exterior para sua transformação, tais como: as variações de temperatura, o movimento, a organização química etc.

No entanto, é totalmente oposto o crescimento de um ser vivo, que se dá através de uma transformação interior.

O mineral ou é informe, ou tem forma cristalina ou geométrica, sendo que sua forma orgânica é totalmente diferente da dos seres vivos. Quanto à forma cristalina, essa é decorrente das forças físicas que atuam no interior do cristal. Assim, existe uma diferença gritante entre a composição dos minerais, que é inorgânica, e a dos seres vivos que é orgânica.

REINO VEGETAL

Além do corpo físico o vegetal possui ainda um corpo etérico, que o dota de uma sensibilidade mais acurada que a do mineral. No vegetal, já se configura o crescimento interior, manifestado pela troca gasosa ligada à fotossíntese, pela reprodução e pela regeneração. Podem ainda ser observadas formas de transições como a formação de raiz, caule, tronco, galhos, folhas, flores e frutos, tecidos orgânicos, além de nascimento e morte.

O corpo etérico do vegetal é o responsável por ele apresentar um corpo físico com forma bem distinta da do mineral. Há um interagir do corpo etérico da planta com o meio ambiente, o que explica, por exemplo, a razão pela qual uma mesma espécie de planta pode ser mais frondosa ou menos, em regiões climáticas diferentes.

É oportuno salientarmos que o corpo etérico do vegetal forma uma camada bem sutil que o recobre, acompanhando a forma física do mesmo e com ele coexistindo.

Um exemplo clássico do alto grau de sensibilidade dos vegetais é a planta sensitiva ou dormideira (mimosa pudica), que fecha suas folhas ao ser tocada. A bióloga Sônia Perez, da Universidade Federal de São Carlos – UFSCAR, afirma sobre o assunto: "Elas só querem se proteger. O fechamento das folhas é uma defesa natural em reação a qualquer tipo de toque, percebido pela planta como um ataque em potencial. – Se um predador encostar-se a essas folhas, ele se afastará quando elas se fecharem".

Outros exemplos existem evidenciando que há no vegetal um leve grau de inteligência através da sensibilidade. Constatamos assim que o ciclo da evolução cósmica exerce uma ação mútua, de maneira contundente entre si; basta uma simples reflexão e percebemos o mineral recebendo vida pela energia primordial que ele, por sua vez, transmite ao vegetal, que irá contribuir significativamente na constituição do animal e esse na do reino hominal.

Assim, indagamos: se o vegetal tem seu corpo físico distinto do corpo do mineral pela influência do corpo etérico, suprassensível, como poderá a ciência materialista chegar a uma compreensão sobre os processos e as formas dos vegetais?

REINO ANIMAL

Esse reino é constituído de vida bem menos densa materialmente e traz consigo a sensibilidade dos dois que o antecederam. Nele, a inteligência principia a fluir com mais intensidade, pois lhe é agregado ainda o instinto de preservação da raça.

O corpo físico dos animais tem suas manifestações vitais mais refinadas e superiores que o dos minerais e dos vegetais. A causa disso é que, **além dos corpos físico e etérico, lhes é acrescentado um corpo**

astral, superior ao etérico, que inexiste nas plantas, razão da forma distinta dos animais. Em função desse corpo astral, o animal tem movimentos intrínsecos, independentes de estímulos exteriores, que lhe permitem ter sensações, sentimentos e instintos, assim como também manifestá-los, empregando sons como mugido, piado, latido, urro etc.

O animal tem ainda a propriedade de externar sentimentos e sensações com o emprego de sinais sonoros, tais como um uivo de dor ou um rosnado de ameaça. É também por meio do corpo astral que o animal pode exprimir sentimentos através de sinais, como por exemplo, o abanar do rabo do cachorro, numa manifestação de satisfação.

A presença do corpo astral faz com que o corpo etérico se impregne muito mais no corpo físico do animal do que acontece no dos vegetais.

Os exemplos acima evidenciam que o

corpo astral do animal demonstra leves traços de inteligência em grau primário, além de traços instintivos que, no entanto, não constituem um corpo mental inferior propriamente dito.

Uma constatação de que a inteligência está presente nos animais é feita com a observação da organização social de grande parte deles, que chega a servir de exemplo para a constituição da sociedade humana.

Saliente-se também que muitos animais têm alguns de seus sentidos até mais aguçados do que os dos próprios seres humanos. Outros, os mais dóceis, são dotados de sentimentos de afeto, altíssimo indício de inteligência inconteste.

Esse reino, mais fluídico, fornece, a exemplo dos anteriores, os conteúdos necessários para a evolução do reino hominal, nosso próximo assunto a discorrer.

REINO HOMINAL

Quando nos aquietamos física e mentalmente, temos a nítida sensação de que não somos apenas esse corpo físico que nos dá forma, e que a mente, que age e vivifica o nosso corpo, é algo mais complexo e muito profundo em nós.

O reino hominal, rigorosamente conceituado, é o resultante, já comprovado cientificamente, da essência evolutiva dos três reinos anteriores. Nosso corpo é o mais complexo dentre os das criaturas de todos os reinos já abordados.

Há quem defenda a teoria de que somos constituídos simplesmente de matéria e espírito; outras correntes sustentam a existência, além da matéria e do espírito, de um corpo mental.

Preferimos, entretanto, optar pela corrente setenária, segundo a qual somos constituídos por sete corpos, em estados diferenciados de matéria-energia.

Essa é a corrente sustentada pela ilustre Doutora Annie Besant, segunda Presidente Mundial da Sociedade Teosófica, que afirma que nós, seres humanos, possuímos quatro corpos, que constituem o **Quaternário Inferior Mortal (personalidade humana),** e que correspondem a um corpo físico, um duplo etérico, uma parte de energia vital *(Prana)* que não chega a ser propriamente um corpo, e um corpo de natureza emocional, que age através da mente inferior.

Em continuidade, temos um **Ternário Divino Imortal (Individualidade Divina)**, nossa Essência, a parte de Deus que nos edifica, ou seja, **uma Tríade Superior Imortal, composta de uma Mente Superior (o Pensador), uma Alma Espiritual (a Intuição) e o Espírito Puro (Eu Superior) que é Deus em nós.**

A evolução, propriamente dita, do homem e do Universo, passa obrigatoriamente **por dois períodos: no primeiro deles**, a Inteligência Suprema, aquela que tudo transforma e coordena, manifesta parte do nada existencial para a matéria mais sólida, como anteriormente foi exposto; **no segundo momento** a matéria mais sólida, que é a própria Terra, agregada e constituída desde o **Reino Mineral**, chega ao estágio menos denso, que é o Reino Hominal.

O grande diferencial do ser humano é que ele alcançou inteligência elevada e detém vontade própria de fazer ou não o que sua consciência determinar. Esse aspecto diferenciador o faz saber quem ele é.

O homem agora é senhor de sua vida; alcançou a liberdade usando o livre-arbítrio. A partir desse momento, aflora a Centelha Divina, o Espírito Divino, que poderá manifestar-se ou não, dependendo da vontade de cada ser humano. Ele não está mais sujeito apenas a uma mente de desejos pessoais, um Corpo Superior agora existe. Esse é o último estágio da matéria manifestada, tornando-se agora o primeiro do retorno ao Princípio.

É conveniente salientar que nos três primeiros reinos a vida estava e está sob a responsabilidade da Inteligência Cósmica, onde tudo é perfeito e harmônico, ao passo que no reino hominal, essa Inteligência se retrai sutilmente, passando toda a responsabilidade da vida individual a cada um dos seres humanos.

Tornar essa vida mais amena depende da maior quantidade de Luz que enviamos do Ternário Superior ao Quaternário Inferior, que atua através de nossa mente comum, e que, quase sempre, é composta de atos carregados de dores, sofrimentos, desejos egoístas e tristezas.

É lamentável constatar que, dentre todos os seres que habitam nosso planeta, somente o homem mata por vontade própria ou até mesmo por prazer e, na maioria das vezes, por interesses menores.

É também o homem que, inconsequentemente e de forma lamentável, destrói seu próprio *habitat*. Pobre homem, que em nome do TER deixa relegado o SER. Esse Ser que é amor, compreensão, verdade, justiça, compaixão, serenidade, felicidade e paz.

Eis, portanto, quem somos e de onde viemos. Esses momentos turbulentos que hoje vivemos na Terra são efêmeros. Quando o homem tiver consciência de que deverá dedicar mais tempo para conversar **com** Deus e também **sobre** Ele, somente então perceberá o erro que está cometendo ao procurá-Lo apenas em horas de necessidade. Só assim então, a nossa Terra será bem mais acolhedora.

Capítulo 4

POR QUE ESTAMOS AQUI?

Temos insistido em demonstrar que o Cosmo e o Homem estão em contínuo processo de transformação. A indagação do "por que estamos vivendo aqui" é bastante relativa, uma vez que cada um de nós se encontra em um estágio diferenciado dentro do processo evolutivo. Tivemos a cautela de não enfocar o ser humano individualizado, mas sim o homem como um todo, considerando a diversidade dos graus de desenvolvimento interior.

Somos seres humanos, como já foi dito, cuja essência é Divina e a nossa vinda a este Planeta Terra é consequência do estado evolutivo cósmico, que se deve à transformação do Não-Manifesto para o Todo-Manifesto.

No princípio éramos parte inseparável da Mente Suprema, Não-Manifestada. No decorrer de bilhões de anos, a Centelha Divina, ou o Corpo de Luz, individualizado e agora Manifestado, veio a alcançar consciência própria, na condição de humano.

Após longa jornada, e percebendo o estágio de evolução em que se encontra, a Centelha reconhece que parte da matéria que a compõe não é finita, pois seu Corpo de Luz, ainda envolto de matéria densa, precisa ser trabalhado interiormente, de modo a desfazer-se da matéria que o envolve para tornar-se somente Luz e poder, assim, se reintegrar, de forma definitiva, à Unidade ou a Deus.

Em determinado ponto do ciclo evolutivo, a nossa Mente Superior, obrigatoriamente, devolverá a matéria manifestada à sua origem, transmutando-a em energia pura de Luz. Com isso, interagindo com maior fluidez, o nosso veículo de comunicação física, a mente comum, despertará para se ater a valores e ações mais elevadas, que visam o bem geral dos seus semelhantes, sendo capaz de reconhecê-los como sua própria extensão. Entende, então, que somente através do amor é possível transformar o corpo físico em Corpo de Luz, primeiro atributo de Deus.

No primeiro capítulo, demonstramos como se deu, em harmonia e inteligência, ao longo do tempo, a transformação de energia em matéria. À medida que a matéria tomava forma, a energia, em seu âmago, mesmo envolta em matéria densa, continuava e continua pulsando, com vida inteligente.

Agora, como humanos, a matéria que nos compõe fisicamente é bem menos densa do que a dos reinos que nos antecederam. Sentimos a necessidade de trabalhar com essa energia vital que nos envolve, visando engrandecer todos os atos por nós praticados através da Luz.

Passamos então a compreender que é somente através do amor que podemos transformar a tristeza em felicidade e a dor em serenidade. O amor é, pois, a energia que transmuta tudo no Universo em harmonia.

Praticar o amor, incondicionalmente, é o mais elevado ato que o ser humano é capaz de realizar.

O homem que age com amor transmite a todos, e até mesmo aos animais e vegetais, serenidade e paz. Quando o verdadeiro amor é praticado pelo ser humano, todos ao seu derredor aquedam em paz e felicidade. É para isso que estamos vivendo aqui na Terra, para sermos o próprio amor, para vivermos tranquilamente. Há um grande equívoco quando fazemos dos nossos dias uma luta insana para conquistarmos poder, bens materiais e riquezas.

A aquisição de bens materiais é necessária, porém, sendo eles temporais, nos fornecem conforto apenas enquanto estivermos vivendo na Terra. **O objetivo de estarmos aqui, portanto, não é apenas o de transformarmos o mundo, mas, principalmente, para que transformemos a nós próprios em Luz e Amor**. É somente com a transformação interior dos seres humanos que veremos findadas as diferenças sociais, a miséria, as guerras, as tristezas e todo tipo de mazelas que permeiam o nosso planeta.

Tornando-nos enfáticos e não repetitivos, afirmamos que é importante e vital que saibamos por qual motivo estamos vivendo aqui, pois, ao compreendermos a razão primordial do nosso viver, torna-se muito mais fácil administrarmos nossas vidas, nossas consciências.

Jamais deveremos nos esquecer que a tarefa para a qual estamos aqui é a de prestarmos nossa contribuição para que o mundo que habitamos seja transformado em Paz, em Amor e em Igualdade, permitindo a todos os seres uma convivência serena e harmônica.

Capítulo 5

PARA ONDE VAMOS?

Temos dito que o primeiro atributo de Deus Manifestado foi a Luz. Inumeráveis e infinitas centelhas dessa Manifestação, constituídas com parte do átomo Primordial, propiciam o processo transformativo do Universo. Assim, literalmente, o nada se tornou o todo. Bilhões de anos se passaram; cada centelha, envolta em matéria densa, com infinitas outras, formaram a Terra.

Cada um de nós, seres humanos, é centelha em estado menos denso de matéria.

É importante não nos esquecermos de que o nosso corpo não é apenas físico; ele possui, pelo menos, mais seis corpos de energia menos densa e fluídica, sendo os quatro primeiros mortais e os três últimos imortais. Os nossos corpos atuam em outros planos[1], além do físico.

Na mesma linha da conceituação setenária do corpo humano, elaborada pela

1 Do latim: *planus*. Extensão do espaço ou de algo nele contido, seja no sentido físico, seja no metafísico, por exemplo, um "plano de consciência".

Doutora Annie Besant, sabemos que atuamos em sete planos, que se iniciam num nível mais denso e vão se purificando, estendendo-se até o mais sutil. São eles:

1. Plano Físico (sólido, líquido, gasoso, 1º ao 4º etérico);
2. Plano Astral (vital ou emocional, das energias nervosas e emocionais);
3. Plano Mental (das energias de pensamentos ou mentais);
4. Plano Intuicional (das energias psíquicas ou da alma);
5. Plano Espiritual (onde se manifestam as essências espirituais);
6. Plano Monádico[2] (reduto último das individualidades espirituais).
7. Plano Adi[3] (o Plano Divino, o Supremo).

2 Do grego: *monas*, Unidade.
3 Do sânscrito: Primeiro, Supremo, Princípio.

Os Planos acima estão submetidos à Lei da Manifestação, alterando apenas sua forma exterior. Na realidade, todos os planos são Deus Manifestado; identificar a matéria-energia em separado serve apenas para facilitar nossa compreensão sobre o assunto.

A centelha, agora envolta com menos densidade de matéria na qualidade de humano, sente a necessidade de voltar mais rapidamente à sua origem, ou seja, à Unidade ou Deus, mas, para tanto, terá de se desfazer ainda mais dos véus da matéria que a envolve.

O aflorar da centelha em nosso corpo material é tão intenso que nos é dado perceber agora que **somos detentores de vontade própria, que possuímos o livre-arbítrio e que somos senhores dos atos que praticamos** e, concomitantemente, responsáveis por nossos pensamentos, palavras e ações.

A centelha, agora, se conscientiza de que é necessário ser mais útil e ativa em todo o processo cósmico, e que não pode apenas permanecer em estado sólido. É preciso voltar a ser um Corpo de Luz.

Assim sendo, temos que assumir a responsabilidade integral de nossos atos, ao contrário dos três primeiros reinos que nos antecederam, que estão sob a responsabilidade direta da Mente Suprema, Deus, que os ordena e coordena, mantendo tudo na mais absoluta perfeição e equilíbrio.

No entanto, a jornada que nos leva de volta a Deus, culminando em uma união eterna e irreversível, é longa e íngreme. Geralmente esse retorno é interrompido por prazeres efêmeros, que nos dão alegrias, mas que, muitas vezes, nos causam dores e tristezas, retardando, inclusive, nossa jornada para o encontro com a Unidade. A prática de atos que levam a esses sentimentos é natural e própria da índole humana, que ainda não tem o preparo suficiente para exercer conscientemente a vontade própria, o livre-arbítrio, de forma justa e amorosa.

Com uma conotação didática, para facilitar o entendimento do interagir de nossos corpos e a consciência-energia, podemos dizer que os Corpos: Físico, Emocional, Astral e Mental Inferior, tendo como sustentação a energia vital, o *Prana*, formam a personalidade do homem também conhecida como Eu Inferior.

Já as energias Puras em Luz, do Plano Mental Superior, do Intuitivo e do Espiritual constituem, por sua vez, a Tríade Superior Imortal, conhecida também como o Eu Superior, a Centelha Divina, a Individualidade da Consciência Suprema.

Com o passar do tempo, em determinado momento, o corpo físico cumpre sua trajetória e então se dá o processo da morte.

O primeiro corpo a sucumbir com a morte é o corpo físico, que se desintegra e se decompõe, isso se não for cremado ou embalsamado. O corpo etérico, também chamado de duplo etérico, igualmente se desintegra. Esses estados se dão no próprio plano físico.

O corpo vital, ou energia *prânica*[4] , se reintegra ao Oceano Cósmico, enquanto, por sua vez, o corpo emocional e mental inferior, é disperso no Plano Astral.

Numa avaliação sucinta, entendemos que o processo da morte é movido pelos princípios baseados filosoficamente na energia por nós gerada: uma **positiva**, representada pela Luz, o Amor, o Bem, a Verdade e a Justiça; outra **negativa**, alicerçada na Treva, no Ódio, no Mal, na Mentira e na Injustiça, e ainda uma terceira, a Energia **neutra**, que tem por função separar um padrão vibratório de outro, não importando se positiva ou negativa, que combinada com uma das anteriores, forma os pensamentos.

A energia positiva é produzida e atraída para nosso Eu Superior, ou Corpo Mental Superior, enquanto que a negativa, movida por atos praticados apenas para nossa satisfação pessoal e individual, é gerada e atraída para o Corpo Emocional ou Corpo

4 Do sânscrito: *prāna*, 'respiração'. Na Teosofia, o princípio da vida.

Mental Inferior, ou ainda Eu Inferior.

Assim, toda matéria de Luz que produzimos em nossa vida, em decorrência de pensamentos, palavras e ações impregnadas de amor, é atraída para o Ternário Superior e a ele se integra. Uma vez a ele integrada, passa a ser imortal e, ao final do ciclo de nossa vida terrena, passa para uma dimensão imaterial mais sutil e que nós, ocidentais, conhecemos como o Céu.

De outra forma, os atos que praticamos em vida, visando meramente satisfação pessoal, são impregnados de energia negativa e geram matéria grosseira que, após nossa morte, pairam no Plano Astral, sem condições de se elevar ao Plano Divino, pois, ante a luminosidade desse plano, fatalmente seriam desintegradas.

Para o entendimento desse processo é imprescindível abordarmos, mesmo que superficialmente, um tema que aqui, no Ocidente, é objeto de muita controvérsia, a reencarnação. Sabemos que existem correntes favoráveis e outras não, porém, o julgamento e a análise ficarão a cargo de cada um, uma vez que a realidade Divina é imutável e independe de nosso entendimento.

Particularmente, cremos ser essa a explicação mais plausível e coerente para as desigualdades que existem entre os seres humanos, uma vez que, indubitavelmente, Deus não privilegia ninguém, pois, perante a Justiça Divina todos somos rigorosamente iguais.

É incontestável o fato de que nada acontece por acaso, e que tudo o que passamos é consequência dos nossos atos. Dessa forma, não há como atribuirmos a Deus a responsabilidade sobre as diferenças sociais, a miséria, as dores, as doenças e os infortúnios.

Como então se dá esse processo?

Como expusemos anteriormente, a segunda morte do ser humano ocorre no Plano Astral, onde as energias semimateriais, muitas delas negativas, que envolvem a

Tríade Superior, são repelidas por ela e dispersadas no próprio Plano Astral.

Não se pode afirmar com precisão o tempo em que a alma humana permanece nesse Plano, o que se sabe, porém, é que quanto mais arraigados à matéria quando em vida terrena, mais tempo permaneceremos no Plano Astral e menos tempo no Céu e vice-versa. O Plano Astral é também conhecido por alguns cristãos como Purgatório.

A permanência nesse Plano será encerrada quando a alma não estiver mais envolta em energia-matéria negativa. A partir daí a Centelha Divina irá para um Plano mais sutil, denominado Céu.

Perceba-se que o que ascendeu ao Céu foi a Tríade Superior, com toda a Luz que agora lhe está agregada e que foi gerada na vida terrena, em decorrência dos atos praticados em prol da comunidade, do bem comum. Toda a energia negativa, aquela gerada pela prática de atos de interesses pessoais, foi desprendida e se dispersou no próprio Plano Astral.

No Céu, a Tríade Superior, que é imortal, e somente Luz, tem a oportunidade de acessar seu Arquivo *Akáshico*[5] e tomar conhecimento de todos os acontecimentos, principalmente dos erros cometidos em vida e que foram responsáveis por seu afastamento da Luz Maior.

A Centelha Divina propõe-se, então, a retornar à Terra como ser humano, tantas vezes quantas forem necessárias para corrigir os erros cometidos, para que seja integralmente purificada e retome sua condição de pura Luz Divina.

Esse regresso se dará através do Plano Astral, que foi onde permaneceram todas as energias negativas das vidas passadas. Ao entrar no Astral, a Tríade Superior, que possui parte do Átomo Primordial, atrai para si toda a matéria que havia ficado

5 Arquivos *Akáshicos* (palavra que, em sânscrito, significa: etéreos). São também chamados de os "Arquivos de Deus". Dimensão do Universo em que toda a história humana estaria armazenada.

dispersa e que, em conjunto com sua Luz, constituirá algo parecido com o seu DNA espiritual. Aí estará pronta para retornar à Terra como um novo ser.

Esse ciclo de idas e vindas só se dará por encerrado quando, com a morte física, não houver mais matéria a ser deixada no Plano Astral, vale dizer, quando houver a ascensão direta para o Céu, por ter voltado a ser como no princípio: um Espírito de Luz.

Considerando que o objetivo primeiro dessa grande jornada não é outro senão o retorno à Unidade, é evidente que colocar o Amor à margem do cotidiano somente dificultará esse processo.

O que fica claro é que, todas as vezes que agimos em busca de realizações pessoais, estamos movidos pela Mente Inferior e, com isso, atraímos um campo material denso que nos afasta do Princípio, de Deus. O inverso acontece ao praticarmos atos voltados ao bem comum, visando o bem-estar da comunidade, pois estaremos agindo através da Mente Superior, como parte da Essência Divina.

No Plano Físico, portanto, se dá a morte do corpo físico e do corpo etérico, enquanto que os demais corpos entram no Plano Astral, onde acontece a segunda morte, que é a do Corpo Emocional e do Mental Inferior.

Toda a matéria, pensamentos e desejos pessoais que estavam agregados ao ser humano foram então desfeitos nesses dois Planos. O que restou, como já afirmamos, foi apenas o Corpo de Luz, que não é outro senão a Tríade Superior Imortal, agora com sua luminosidade intensificada pela experiência obtida com a última vivência na Terra.

Cada vinda a este planeta visa uma maior purificação, a fim de que nos tornemos prontos para nos reintegrarmos definitivamente à Unidade, a Deus, de onde nunca nos desligamos. O que houve foi o percurso de uma grande jornada cósmica,

dentro da própria Unidade, em busca do aprendizado da transformação do próprio Universo Manifestado.

Podemos dizer, para uma melhor compreensão, que no princípio a Inteligência Universal – Deus, desabrocha-se em centelhas e que, mais tarde algumas delas, depois de evoluídas, serão transformadas em seres humanos incumbidos de transmutar sua energia-Luz em energia-matéria. Após alcançar esse estado é reiniciado o processo de volta, transmutando agora matéria-energia em Luz pura, Luz Divina, ou seja, o retorno ao Princípio, à nossa origem, que é para onde vamos sem nunca termos saído da Unidade.

Assim, concluímos que iremos ao encontro de Deus, do Todo, do Absoluto, do Transformador e Executor desse Universo perfeito e harmonioso, reencontro esse que se dará unicamente através da prática de atos do mais puro Amor.

Capítulo 6

PENSAMENTO, SEU PODER E SUA AÇÃO

Em alguns capítulos afirmamos a necessidade de estarmos atentos e vigilantes com relação aos nossos pensamentos, pois são eles que determinam nossas ações e direcionam nossas vidas.

Nada, absolutamente nada, é falado ou praticado sem que antes usemos o pensamento. É necessário que tenhamos consciência de seu poder, pois tanto a dor como o sofrimento, a alegria como a felicidade são frutos exclusivos de nossos pensamentos.

O Universo pulsa em energia, o ser humano é energia individualizada consciente e, com vontade própria, o pensamento não é diferente. Ele é energia neutra e, por esta razão, não oferece resistência; por não ter polaridade ele é livre, fica à mercê da nossa vontade na transformação de sua positividade ou negatividade. A energia do pensamento é conhecida tecnicamente como energia taquiônica; seu poder de ação, podemos afirmar, é incomensurável e poderosíssimo.

É o pensamento que influencia nosso estado de ser; quando o ligamos com energias positivas estaremos convivendo com a harmonia interior, quando, no entanto, nos conectamos com energias negativas estaremos fadados à intranquilidade, a toda sorte de problemas e, muitas vezes, ao fracasso, fatos esses incontestes.

Tanto a tristeza quanto a felicidade são estados de ser. Não importa se nos reportamos ao sofrimento gerado pela pobreza material ou a de espírito, como também à felicidade proporcionada pela riqueza ou pela paz interior, tudo é arquitetado de acordo com os nossos pensamentos.

Ao moldarmos nossos pensamentos com energia positiva, estaremos agregando para nossas vidas a Luz que nos possibilita o encontro e o viver no Verdadeiro Amor. É através de pensamentos positivos que nos aproximamos da verdade que nos liberta do cotidiano fatídico e tempestuoso. Tudo se torna bem mais fácil e a felicidade é uma constante. O caminho é iluminado e nossos passos pela vida são firmes e seguros.

A luz que irradiamos exerce em todos e em tudo uma atração poderosa, além do que nos possibilita desenvolver uma percepção intuitiva enorme, facilitando a convivência feliz com a própria vida.

Quando, no entanto, nos apegamos às energias negativas, uma sombra, conhecida como ignorância, nos envolve dificultando nossos passos pela estrada da vida. Quase sempre caímos em armadilhas, além do que atraímos uma gama muito grande de problemas, entristecendo e dificultando nosso viver.

Assim, a escolha entre vivermos com pensamentos positivos ou negativos depende unicamente de nós próprios.

A Felicidade está ao nosso alcance, muito mais próxima do que possamos imaginar, todavia é preciso **buscar o discernimento para alcançarmos esse entendimento, pois este é o Primeiro Portal que nos conduz ao caminho da Luz.**

Vivamos em pensamentos positivos e nos encontraremos com a Luz que nos liberta do sofrimento e nos conduz à Verdade.

REVISANDO NOSSOS ATOS DIÁRIOS POR MEIO DA MEDITAÇÃO

Uma maneira de entender a necessidade de viver na Luz consiste no despertar da Verdade que, na praticidade diária, nos mostra a importância do equilíbrio e da harmonia da vida. **A Meditação** é o caminho mais curto para se alcançar essa preciosa dádiva. Há inúmeras formas e técnicas, algumas sofisticadas e de elevados resultados, que exigem estudos e aplicabilidade mais intensa. No entanto, é preferível, neste momento, transmitir o **método que nos parece o mais simples de Meditação.** Nele não há nenhum tipo de ritualística e nem metodologia complexa a ser seguida; não nos toma muito tempo, pois dura apenas alguns instantes.

Bastam apenas sete minutos diários. Três minutos e meio pela manhã, antes de nos levantarmos e outros três e meio minutos antes de deitarmos.

AO ACORDAR

Sentados em nossa cama, procuremos nos acomodar da forma mais confortável, de maneira que fiquemos com a coluna ereta. Aquietemos nossa mente sem termos que pensar no que devemos ou não fazer durante esse dia. Procuremos respirar calmamente. Direcionemos os nossos pensamentos ao âmago de nossa Essência Divina e procuremos penetrar no Plano Divino, que é bem menos denso e rarefeito, onde somente existe a Luz. Lá procuraremos nos impregnar e receber toda a Luz necessária para nossa transformação, sentindo nossa essência cada vez mais luminosa.

Impregnados dessa Luz, procuremos voltar ao nosso corpo fisico, convictos de que manteremos acesa essa chama durante todo o dia. Agora, radiantes em Luz, peçamos ao nosso Deus Interior que, durante o decorrer do dia, sejam os nossos pensamentos, palavras e ações, propagação do mais Puro e Divino Amor, facilitando assim o fluir da emanação e captação das Energias positivas disponíveis no Universo.

Se iremos procurar desenvolver atos de transparente verdade e justiça no transcurso do dia, estejamos antes, porém, atentos e vigilantes com os nossos pensamentos, para que eles sejam combinados e repletos de energia positiva.

Sua constante aplicabilidade fará com que chegue o dia em que não mais precisaremos dos sete minutos de meditação, pois todo o nosso tempo será ininterruptamente de uma vida de equilíbrio, harmonia e felicidade interior, externada pela ação de nossos pensamentos positivos, deixando de ser um alvo a atingir diariamente, para integrar-se à própria vida, em seu cotidiano.

DURANTE O DIA

Seria de grande valia que cessássemos os diálogos mentais que desenvolvemos quase sempre quando estamos sem ocupação ou em descanso. Quando julgamos estar em silêncio fisico, ou seja, quietos e calados verbalmente, entendemos que estamos em estado de absoluto silêncio mas, na maioria das vezes, estamos, isto sim, em completa tagarelice mental.

É necessário que aprendamos a usar,

quando do silêncio mental, o envio de energias positivas às pessoas conhecidas e desconhecidas, às necessitadas, para todo tipo de instituições sociais, filantrópicas, de saúde, governamentais, enfim, a tudo ou a todos os que precisam de alento. Esse envio de energia de pensamento positivo é de capital importância para o nosso equilíbrio interior e do próprio planeta. Não nos toma nenhum tempo, nem sequer precisamos falar, basta apenas que tenhamos a intenção de irradiá-la.

Podemos exercer esse tipo de doação de Luz e Amor a toda hora em que nos encontrarmos com as pessoas; quando estivermos em viagem; quando estivermos nos locomovendo e, principalmente, quando estivermos descansando.

Outro aspecto a considerar é que quando nos dirigirmos a algum lugar, devemos criar pensamentos positivos e irradiá-los a fim de preparar o ambiente no qual iremos estar.

Esse tipo de transmissão de energia pensamento está sempre disponível para o nosso próprio engrandecimento e serenidade, nos dando a certeza de uma participação ativa na sociedade em que vivemos.

AO DEITAR

Agora sentemos em nossa cama em total silêncio e, através da respiração lenta e compassada, procuremos nos realinhar com a Grande Inteligência Suprema – Deus, e façamos uma análise retroativa sobre os atos que praticamos durante o dia. Se percebermos que em alguns destes atos, o Amor estava ausente, deveremos nos corrigir de imediato, assumindo interiormente a proposta de não mais praticá-los.

Essa reflexão meditativa diária nos leva gradativamente a uma grande transformação interior, possibilitando que nos tornemos um Novo Ser. Passaremos a sentir de imediato o resultado dessa transformação, pois uma nova vida estará surgindo em nosso interior.

Capítulo 7

REVENDO VALORES PARA TRANSFORMAR A TERRA

O ser humano autêntico fala o que pensa e age da mesma forma como pensa e fala; só assim, ele pode ser considerado uma criatura equilibrada. Vivenciando essa linha de coerência, novos horizontes surgirão e a própria vida se tornará mais suave.

Para que alcancemos a felicidade é essencial que reformulemos algumas de nossas atitudes.

Para vivenciarmos a Paz e a Harmonia, é preciso lembrarmos que, originalmente, somos uma Centelha do Todo, que somos parte de Deus. Em sendo assim, evidentemente somos todos peças de uma mesma Unidade, todos somos um.

Lembrando disso, não há por que vivermos priorizando aquilo que nos satisfaz individualmente, colocando em um segundo plano os interesses de outras pessoas, quer sejam os nossos familiares, os nossos amigos e, especialmente, aqueles que nos são desconhecidos. Se assim entendermos, veremos a nós mesmos como extensão de cada um dos outros seres e, assim, a felicidade ou a tristeza do outro será também a nossa.

No momento em que conseguirmos ver e sentir a todos, independente de os conhecermos ou não, como parte de uma mesma Unidade, poderemos, muito mais facilmente, vivenciar um estado de total Felicidade.

O entendimento do que é real e do que é irreal é outro aspecto a ser reavaliado. A limitação dos nossos sentidos nos faz crer que o que não vemos não existe. Nossa essência Divina, todavia, que é eterna e não pode ser vista através dos olhos físicos, é real, enquanto que o nosso corpo físico é efêmero, temporal, provisório.

Nem sempre o que é real é visível aos nossos olhos. Tome-se o exemplo de uma garrafa contendo apenas ar atmosférico. À primeira vista, se perguntarmos a alguém o que ela contém, receberemos em resposta que não tem nada, que está vazia. Contudo, sabemos que o ar é matéria e podemos alterar seu estado físico, tornando-o líquido ou sólido. Além disso, sabemos que ele reage com outras substâncias. O que aparentemente era o nada se solidificou ou se liquefez. Da mesma forma, nem tudo o que vemos é real.

Dessa maneira, geralmente priorizamos e valorizamos as coisas materiais, os bens terrenos, esquecendo-nos da realidade primeira que é Deus.

É lamentável constatar igualmente, que o interesse pessoal se sobrepõe ao coletivo, quer no sentido político, social ou humano. A todo momento, nos deparamos com o SER sendo relegado pelo TER, e para que isso aconteça, constantemente vemos ficar esquecida a Verdade, a Honra, a Justiça e o Amor.

Eis a razão de tanto sofrimento e de tanta dor permeando a sociedade humana. Se resgatados esses princípios, certamente não veríamos inúmeros atos de desamor e injustiça sendo praticados, provocando tanta angústia e tanta dor.

O que se precisa, na realidade, é resgatar a prática do bem em nome do verdadeiro amor, sem visar compensação. Somente assim se alcançará a plenitude da paz espiritual, que é o próprio Céu. É necessário que saibamos que o Céu não é um lugar que se conquista com a prática do bem, a título de recompensa. **O Céu é um estado de ser, é um estado de Paz, de Harmonia, de Tranquilidade e de extrema Felicidade, onde reina, como já dizemos, a Verdade, a Justiça e o Amor.**

O nosso planeta conturbado, onde permeiam as guerras, os homicídios, os roubos, as chacinas, as invasões, a ganância, entre outras mazelas, é consequência da luta desenfreada pelo poder, pelo ter, o que desencadeia dores e sofrimentos.

Até a própria natureza tem respondido às agressões com reações implacáveis, como os maremotos, ciclones, terremotos, entre outros, que culminam com o extermínio de milhares de pessoas.

É chegado o momento de todos nós nos conscientizarmos de que, se deixarmos o Deus que habita nosso interior fluir, o mundo será diferente. Cada um de nós é responsável pela mudança desse estado de coisas que envolvem nossa sociedade de hoje.

Assim como o certo e o errado só existem na mente do julgador, a vida que estamos vivendo é a que escolhemos e, se seus frutos são bons ou maus, simplesmente depende de nossas atitudes. Urge que mudemos nossos atos.

A humanidade está excessivamente voltada para uma vida repleta de realizações exteriores; é preciso, no entanto, refletir que estas realizações são resultantes da formação interior que possuímos. Como o planeta, e até a própria vida que estamos vivendo, estão bem próximos do caos, é chegado o momento de cada ser se transformar interiormente.

É preciso entender que o realinhamento do Universo depende das nossas ações, da prática do Amor, de atos voltados para o bem comum, da irradiação da Luz, que permitirá vermos nossa Terra iluminada, como sendo o próprio Paraíso.

Se cada um procurar se transformar a si próprio, o mundo estará transformado.

UMA PROPOSTA

Provavelmente um livro não seja o meio mais correto de se fazer uma proposta, no entanto, não poderíamos deixar passar essa oportunidade, razão pela qual tomamos a liberdade de fazê-la.

Amigo, se esse trabalho tocou o seu coração, se conscientize de que todos precisamos nos engajar na tarefa de participar diretamente da transformação da raça humana.

Não há despesas materiais nem perda de tempo, só se requer uma simples, mas importante coisa: A VONTADE.

Vontade unicamente de mudar nossa forma de pensar; vontade de reciclar nossas atitudes diárias; vontade de sermos Felizes; vontade de vivermos na Verdade e na Justiça; vontade de vivermos em Paz e Amor.

Para que cada um de nós possa transformar essa Vontade em realidade basta, tão somente, que sintamos em tudo e em todos os nossos semelhantes nossa própria extensão.

Que o Amor seja o norte que nos encaminha pela estrada da vida, chamada Felicidade.

Capítulo 8

REFLEXÕES

Senhor,

No silêncio de minha consciência Vos encontro e reconheço que Sois meu Deus, meu refúgio e fortaleza. Sob Vossa Divina proteção procurarei me transformar em um ponto de Luz a irradiar a todos, indistintamente, Compreensão, Justiça e Amor.

O REENCONTRO

Eis-me aqui, Senhor, ansioso, na espera de num dia bem próximo sentir, em plenitude, Tua presença.

Muito há que se trabalhar. Sentimentos indomáveis tumultuam minha consciência ainda em formação.

O caminho é longo...

No conflito da mente pela busca de fazer-Te totalmente presente em meu ser, raros são os dias em que não há luta. É uma batalha incansável de pensamentos, que não se coadunam com palavras e ações.

Momentos existem que são puros e harmoniosos. E a vida se torna bela. Tua presença radiante ensina-me a ver em tudo e em todos a Tua Essência.

A vida, então, é um eterno convite para experienciar, a cada instante, a bondade, a compreensão, a tolerância, a compaixão, enfim, a justiça, a verdade e o amor. Nesses instantes Tua grandeza é sentida. Vejo então, através dos olhos do coração, a Tua beleza.

Nas mais das vezes, porém, confesso que me sinto distante. É quando divago pelos descaminhos que me levam para longe da verdade, ora impulsionado pela vaidade ou orgulho e, outras vezes, pela intolerância e incompreensão.

Nesses momentos bebo o amargo cálice da Tua ausência. É a dor sentida e vivida sem a Tua presença. Reflito e indago: Por que tais acontecimentos?

Olho para dentro de mim, para o mais profundo do meu ser e Te vejo enclausurado pelos meus interesses mesquinhos e materiais. Aí, compreendo que Tu és e sempre serás amor. Mesmo quando entro em conflito com a Tua vontade, Tu Senhor, em momento algum, me desamparas.

A realidade é que eu me deixara envolver pela sedução dos desejos temporários. Só então, após estar diante da dor, na batalha do Ser contra o Ter, é que volto a ver-Te.

Por tudo isto eis-me aqui, Senhor. Reconhecendo a necessidade de reencontrar-me em Tua luz, evitando assim a continuidade de minhas batalhas internas que, além de serem refletidas negativamente em todos, afastam-me cada vez mais de Ti.

PRECISO FALAR CONTIGO, SENHOR.

Sou grato por conceder-me a alegria de viver em Tua Luz. Através dela encontrei o discernimento que me permitiu a compreensão de que todos os acontecimentos em minha vida quer sejam os de alegria ou de tristeza, são desdobramentos dos meus próprios atos.

Fico triste ao pensar que, na maioria das vezes que me dirigi a Ti, principalmente nas necessidades, eu Lhe dizia o que precisava, como se Tu, Senhor, não soubesses o que estava se passando naqueles momentos de adversidades.

Agora entendo que não devo suplicar Tua ajuda, pois estás dentro de mim acompanhando e velando a todo instante meus passos e atos.

Percebendo e sentindo Tua presença em meu interior, procuro tornar meus corpos: físico, emocional, mental e espiritual, dignos de Te receberem em plenitude, reconhecendo, em todos e em tudo, Tua presença.

Tu és a essência de tudo o que existe, assim sendo, preciso fazer-Te presente, ininterruptamente, em meus pensamentos, palavras e ações. Que o amor seja a Luz que purifique o meu ser e, através dele, possa eu vir a ser canal para Tua manifestação.

Dados do Autor:

Advogado e técnico em ciências contábeis, durante trinta e cinco anos prestou assessoramento político e administrativo no âmbito do Governo Federal e do Estado do Paraná. Há onze anos vem desenvolvendo trabalho como consultor empresarial.

Acima de qualquer qualificação, na busca de encontrar-se interiormente, desde muito jovem dedicou-se à análise e comparação de vários segmentos religiosos. Membro da Sociedade Teosófica, aprofundou-se no estudo da teosofia e da filosofia, com especial ênfase ao desenvolvimento espiritual do ser humano.

Parte desse aprendizado é transmitido por meio desta obra.

Seu e-mail para comunicação é:

valdirpeixoto@terra.com.br

AO **PÉS**

DO *MESTRE*

Esse livro é uma jóia de inspiração espiritual, cujo valor inestimável reside na simplicidade, profundidade e poder de síntese de sua mensagem, para aqueles que aspiram por mais luz, sabedoria e amor para todos. Desde 1910 tem sido traduzido em mais de 27 línguas e apreciado em inúmeros países de todo o mundo.

LIVROS PARA VIVER MELHOR

EDITORA TEOSÓFICA

gráfika®
papel&cores

Brasília-DF
(61) 3344-3101
papelecores@gmail.com